AF380992

LA GÉNÉRATION Y EN ENTREPRISE

Techniques et conseils
pour des relations intergénérationnelles paisibles

Par Pierre Latour

50MINUTES.fr

LA GÉNÉRATION Y EN ENTREPRISE

- **Problématique ?** Quels changements la génération Y apporte-t-elle au sein des entreprises et des relations professionnelles ? Comment résoudre cette problématique intergénérationnelle ?
- **Utilité ?** Définir les enjeux et optimiser les rapports intergénérationnels afin d'établir un environnement de travail productif et apaisé.
- **Contexte professionnel ?** Relations professionnelles, gestion d'équipe, management intergénérationnel.
- **FAQ ?**
  - Quelles sont les caractéristiques de la génération Y ?
  - Que faire dans l'immédiat pour améliorer les relations intergénérationnelles dans mon entreprise ?
  - Comment réagir si un conflit intergénérationnel éclate en plein milieu d'une réunion ?

- <u>Faut-il gérer les générations de manière différenciée ?</u>
- <u>Est-ce qu'une entreprise se transforme au contact de la génération Y ?</u>

Depuis quelques années, la génération Y est de plus en plus présente au sein des entreprises, ravivant la problématique d'un conflit intergénérationnel, qui revient environ tous les 25 ans avec l'arrivée d'une nouvelle génération. Ce phénomène démographique cyclique ne se fait malheureusement jamais sans vague, et, puisqu'aucune entreprise ne peut supporter en permanence des rapports humains conflictuels, il est important de tenir compte des spécificités de chaque groupe pour instaurer un équilibre. Intéressons-nous dès lors aux écarts culturels entre les différentes générations, ceux qui les empêchent parfois de collaborer en harmonie. Ils ne possèdent pas toujours la même vision éthique, la même conception de la hiérarchie ou encore la même culture du résultat. En effet, ces générations ont reçu des éducations différentes dépendantes des époques qui les ont vues naître. Les contextes sociaux et les parcours de vie diffèrent, le monde évoluant au fil des décennies.

L'entreprise n'échappe pas à ces bouleversements puisque les relations professionnelles s'en trouvent également affectées.

À l'heure actuelle, la réactivité et la flexibilité sont des qualités essentielles pour une entreprise. Ses concurrents directs ne se situent plus seulement dans son quartier, dans sa ville ou dans son pays, mais dans le monde entier. Elle doit s'adapter en permanence en produisant mieux et moins cher. Dans ce contexte où la compétitivité prévaut, il arrive que des employés de 25 ans travaillent en collaboration étroite avec des collègues de 30 ans plus âgés. Ce genre de situation ne va pas sans poser des problèmes relationnels qu'il convient d'aborder de façon constructive. La communication peut s'avérer parfois très compliquée entre générations, car les expériences et les références culturelles sont parfois diamétralement opposées.

En 50 minutes, bénéficiez des réflexions et des conseils pratiques que vous livre ce petit guide. Il s'adresse à tous ceux qui évoluent en entreprise : aux manager et DRH, mais également aux salariés de toutes générations. Le défi que nous relevons est de vous accompagner dans un challenge porteur de sens, à savoir transformer et réduire les clivages intergénérationnels !

B.A.-BA DE LA GÉNÉRATION Y DANS LE MONDE PROFESSIONNEL

LES DIFFÉRENTES GÉNÉRATIONS

Actuellement, plusieurs générations se côtoient dans les entreprises : celle du baby-boom (1945-1960), la génération X (1960-1980) et la suivante, logiquement appelée la génération Y ou « digital natives » (1980-2000). La génération Z commence doucement elle aussi à faire son apparition dans la vie professionnelle. Faire collaborer ces quatre générations est un réel défi que les entreprises doivent pouvoir relever.

Baby-boomers 1945-1960	Génération X 1960-1980	Génération Y 1980-2000	Génération Z À partir de 2000

Génération Y ou « génération internet »

Commençons par mieux comprendre cette génération Y. Apprendre à la décoder pour mieux la connaître, sans interpréter ses habitudes et ses attitudes, est la stratégie gagnante.

Dans un tram, une jeune fille consulte ses mails sur sa tablette tout en écoutant de la musique. Aussi réductrice soit-elle, cette image du jeune contemporain est parlante. En effet, cette génération est le symbole d'une approche nouvelle des TIC (technologies de l'information et de la communication) pour un usage plus ludique de la culture, assimilée de plus en plus au divertissement. La variété des supports médias et l'interconnectivité des appareils ont à leur tour encore accentué la tendance : les téléphones portables prennent des photos et reçoivent des mails, les ordinateurs téléchargent de la musique et des images disponibles instantanément. Cette évolution technique a amplifié l'exigence du « tout, tout de suite » caractérisée par la culture du « zapping » (en référence au zappeur, ce petit boîtier électronique permettant de changer à distance les chaînes de télévision). Bien plus, le terme « surfer » sur Internet est très révélateur de la superficialité de l'intention et de l'immédiateté du désir.

La génération Y est celle qui a pris possession des objets nomades qui permettent de travailler en étant connectés en permanence, provoquant ainsi une nouvelle approche du temps. Le travail, le divertissement, la vie de famille et les tâches quotidiennes se trouvent plus imbriqués qu'elles ne l'ont jamais été. Les générations précédentes n'étaient pourtant pas restées étrangères aux changements survenus au fil des années. Si nombreux sont les salariés de la génération précédente qui ont réussi à s'adapter aux TIC dans l'entreprise, beaucoup ont accumulé un retard conséquent dans la maîtrise de ces nouveaux procédés électroniques. Le décalage intergénérationnel est une réalité qui génère des frustrations et des incompréhensions : il est à l'origine de nombreux conflits et dysfonctionnements au sein des équipes des entreprises. Ce fossé est apparu sans crier gare, par le renouvellement des cadres qui, dans leur vie quotidienne, se sont approprié des outils de plus en plus utilisés dans le travail (Smartphones ou tablettes possédant le même type de langage que les ordinateurs).

UNE ÉVOLUTION DES COMPORTEMENTS PROFESSIONNELS

Au-delà de son affinité avec les TIC, la génération Y entretient un rapport différent avec le travail et l'entreprise :

- **une autorité remise en cause.** Outre les conséquences de la révolution technologique actuelle sur les comportements, les enfants nés après mai 68 ont un rapport à l'autorité et au travail différent de celui des générations précédentes. Les relations humaines au sein de l'entreprise se sont métamorphosées, bien que cette dernière soit toujours majoritairement organisée de façon hiérarchique. La génération Y regroupe les enfants de ceux qui ont appris à remettre en question l'autorité de l'adulte et de la hiérarchie. En conséquence, certains comportements, comme les marques extérieures de respect (la « politesse »), ont connu des infléchissements, sans disparaître totalement heureusement ;

- **la vie personnelle équilibre la vie professionnelle.** Pour cette génération, le travail n'occupe pas la même place que celle que leur réservaient leurs parents. La vie familiale, les relations amicales, les loisirs sont pour eux aussi fondamentaux que leur emploi. La vie personnelle passe parfois même avant la vie professionnelle. Nombreux sont les jeunes qui prennent une pause dans leur carrière ou une année sabbatique, alors que leur vie professionnelle n'en est qu'à ses débuts. En recherche de cohérence et de sens, ils ne conçoivent pas le travail comme une fin en soi, mais plutôt comme un instrument parmi d'autres pour s'épanouir ;

- **importance de l'environnement de travail.** L'ambiance, le bâtiment, les espaces fumeurs et même l'agrément du trajet vers le lieu de travail deviennent des priorités pour cette génération ;

- **une génération peu syndiquée et politisée.** Bien qu'elle ne se désintéresse pas du travail ni de son environnement politique, elle peut en donner l'impression aux générations aînées. Les individus de la génération Y se sentent peu concernés et sont d'ailleurs peu représentés à ce niveau ;

- **une volonté de reconnaissance :** malgré plus de 7 milliards d'habitants sur Terre en 2015 contre 5 milliards en 1995, ces jeunes ont envie de sortir du lot et d'être reconnus individuellement ;

- **une génération connectée :** médias, Internet et réseaux sociaux sont totalement intégrés dans leur culture et leur mode de communication. Cela joue également sur les entreprises qui sont nombreuses à s'être adaptées aux pratiques de l'e-commerce et aux réseaux sociaux. L'information doit circuler vite et en permanence ;

QUELLES CONSÉQUENCES POUR LES ENTREPRISES ?

Les sociétés d'un pays reflètent toute la diversité de l'activité humaine. Il est donc hasardeux de tirer des règles générales d'un phénomène qui influence des entités aussi diverses qu'une multinationale ou une petite entreprise artisanale. Tentons néanmoins de faire le point sur les conséquences qu'entraîne l'arrivée de la génération Y au sein des entreprises.

L'ENTREPRISE : UNE AVENTURE HUMAINE

À ce stade de notre réflexion, il est sans doute utile de rappeler ce qu'est réellement une entreprise. Il s'agit d'un groupe d'individus dotés de moyens matériels et immatériels, humains et financiers, et rassemblés en vue de produire des biens et des services via des stratégies et des plans d'action. Cet ensemble de personnes s'organise en équipes qui travaillent pour assurer sa pérennité ainsi que sa rentabilité. Ce collectif agit dans un cadre socioculturel spécifique auquel il s'adapte.

L'adaptation progressive aux TIC

Le changement majeur apporté par la génération Y, mais aussi par le contexte de développement des TIC, est un nouveau rapport aux médias et à la communication. En effet, les entreprises possèdent toutes Internet aujourd'hui et travaillent en tenant compte de la portée des réseaux sociaux. La génération Y a une approche désinhibée des TIC et de la technologie en général. Ce phénomène a été un puissant facteur d'augmentation de la productivité et de la créativité ; les métiers se transforment et les salariés s'adaptent.

DU CHAUFFEUR AU GESTIONNAIRE

Prenons l'exemple du métier de chauffeur livreur. Il y a à peine 20 ans, cela consistait à attendre un chargement puis à se rendre dans un endroit donné où les marchandises étaient prises en charge par une autre équipe.

Aujourd'hui, le même salarié doit charger lui-même sa marchandise, au moyen d'outils sophistiqués. L'état du stock peut être consulté à tout moment depuis sa cabine et un système de code-barres lors du déchargement renseigne instantanément l'entreprise des déplacements de fournitures, produits, etc. En l'espace de quelques années, la nature de son métier a évolué : le livreur est également devenu gestionnaire de stock.

Les entreprises liées aux TIC et, d'une manière plus générale, à la recherche et à l'innovation sont désormais les plus prisées par la génération Y. Facebook, Google ou Apple par exemple sont plébiscités par ces jeunes chercheurs d'emploi. Ces sociétés les valorisent en termes d'image et leur aspect « conquérant » fait partie de cette quête de sens qui hante cette génération. Contrairement à leurs aînés, il n'est plus simplement question de survivre ou de « s'en sortir », mais d'ajouter à sa vie, notamment professionnelle, de la valeur. La créativité de cette génération, fruit d'une évolution de l'enseignement dans ses rapports à l'enfant et d'une culture de l'information à portée de tous, profite aux entreprises qui, grâce à leur apport, rafraîchissent leur image et surtout adaptent leurs produits aux nouveaux consommateurs.

Une évolution en terme de management

Afin d'instaurer une dynamique productive, il devient donc nécessaire d'adapter les pratiques de management aux caractéristiques de chacune des générations présentes dans l'entreprise. En répondant aux attentes de tous et en respectant l'identité de chaque individu, la collaboration se fera plus facilement.

Par exemple, pour la génération Y qui aspire à plus de liberté et de flexibilité dans son travail, il est utile de pouvoir ajuster les horaires ou de développer le télétravail. Cette dernière formule, qui permet aux salariés de travailler depuis chez eux, répond particulièrement bien au besoin d'autonomie et d'indépendance de cette génération.

Un autre aspect dont il faut tenir compte est le faible attachement à l'entreprise. La fidélité à l'entreprise n'est plus évidente. Les crises économiques qui se sont succédé ont démontré la fragilité de l'emploi. Notons ce changement profond, contemporain de la génération Y : la réalité du monde du travail est telle que le jeune salarié doit souvent changer de poste et d'entreprise. Il est alors convaincu qu'il ne restera pas toute sa vie professionnelle au même endroit. Il n'envisage plus son parcours professionnel de façon linéaire ni d'ailleurs dans un même secteur ou un seul pays. Il a toutefois besoin de se sentir reconnu dans son travail, d'avancer et d'innover. Si son poste ne satisfait pas sa curiosité, son envie de progresser, il partira sans doute voir ailleurs.

Le processus de recrutement a lui aussi évolué. Pratiqué par la génération précédente sur des candidats de la génération Y, il s'est révélé semé d'embûches et est à l'origine de nombreuses « erreurs de casting ». Les codes entre ces générations ont changé. Un recrutement efficace doit aussi être assorti d'une politique destinée à retenir les talents par des avantages matériels mais pas uniquement. Comme la génération Y est en quête de sens, de réalisation et de satisfaction personnelle, l'épanouissement détient tout autant d'importance que la rémunération, même s'il passe aussi par elle. Fixer aux jeunes salariés des objectifs à atteindre avec des intéressements aux résultats est sans doute plus porteur que des augmentations à l'ancienneté. C'est d'autant plus vrai que, dans l'esprit des employés issus de cette génération, la véritable hiérarchie est celle de la compétence et de la créativité plutôt que celle du titre et de l'ancienneté. Les grandes entreprises possédant un département des ressources humaines ont compris ce clivage plus rapidement que les autres structures, et sont ainsi parvenues à tirer plus facilement parti des spécificités de la génération Y.

Clin d'œil à l'employeur

Confiez vos entretiens d'embauche à un professionnel (extérieur) qui partage les mêmes références que les candidats qui se présentent.

LES RELATIONS INTERGÉNÉRATIONNELLES DANS L'ENTREPRISE

Le secret réside dans le fait de parvenir à composer des groupes aux profils divers – issus de toutes les générations – au sein des différents services. Dès lors, il ne faut pas envisager un management de la génération Y hors de ce cadre. Cela n'a d'ailleurs aucun sens de traiter une génération de manière spécifique, alors qu'elle compte elle-même des individus de différents caractères, provenant de milieux sociaux divers et ayant des compétences variées.

Comment les générations se perçoivent-elles ?

Cette question est délicate. Il convient donc de ne pas tirer de conclusions hâtives. Les visions stéréotypées sont presque toujours fausses et, au mieux, inutiles. Sous cette importante réserve, tous les cas de figure sont envisageables, les entreprises n'étant qu'un reflet de la diversité humaine. De manière générale, voici comment les différentes générations se perçoivent dans un cadre professionnel :

Les salariés plus agés se perçoivent et sont perçus par la génération Y comme :	Les salariés de la génération Y se perçoivent et sont perçus comme :
• Logiques • Réfléchis • Structurés • Expérimentés • Loyaux • Sérieux • Peu créatifs	• Fonceurs • Indisciplinés • Inexpérimentés • Flexibles • Désorganisés • Créatifs

Comment manager plusieurs générations ensemble ?

Si cela n'est pas mission impossible, ce type de management peut toutefois entraîner des réactions différentes suivant les situations et être source de conflit. En effet, par exemple, un projet stoppé sera souvent vécu comme un échec par les anciens et comme une expérience utile pour les jeunes. Ou encore, un conflit sera jaugé suivant son impact sur l'entreprise par les anciens et comme une affaire personnelle par les jeunes.

Dans son ouvrage *Intégrer et manager la génération Y*, le spécialiste Julien Pouget nous explique que l'enjeu de cette problématique intergénérationnelle est la transmission des valeurs, us et coutumes par les salariés les plus expérimentés. Le but est de faire le lien entre leurs savoirs et ceux apportés par cette génération « digitale » pour créer une synergie au lieu d'accentuer les clivages. L'erreur à éviter à tout prix est donc la mise en concurrence des générations, car cette situation peut créer des tensions dont l'entreprise fera, un jour ou l'autre, les frais.

La stratégie managériale consiste dès lors à fixer des objectifs adaptés à chacun, qui tendent vers une finalité commune. Êtes-vous prêts à relever le défi ?

PRODUCTIVITÉ ET HARMONIE EN ENTREPRISE

Créer des rites

Le cadre socioculturel évolue sans cesse, et ce, rapidement. Le monde change d'ère culturelle alors que l'entreprise adapte son rapport au monde. Les rites, repères temporels et existentiels, prennent dans ce contexte mouvant une grande importance : ils balisent la vie collective et sont indispensables à la cohésion d'un groupe, d'une entreprise. Leur utilité se fait d'autant plus ressentir lorsque plusieurs générations coexistent. Les rites sont évidemment différents d'une entreprise à l'autre mais leur utilité demeure, car ils jalonnent la journée de travail. Limiter les rites aux conciliabules autour de la machine à café reflète une pauvreté managériale qui, au final, joue sur la motivation du personnel. Les salariés de la génération Y sont plus individuels que leurs aînés, ce qui rend la stratégie d'appartenance à l'entreprise encore plus importante pour maintenir et renforcer l'esprit d'équipe.

Agir ensemble

Il peut arriver qu'un chef d'entreprise cultive la motivation des salariés à travers une homogénéité des groupes d'âge. C'est une attitude néfaste, à terme, pour la cohésion sociale. Agir ensemble est l'essence même du projet entrepreneurial et la clé de voûte de rapports intergénérationnels paisibles. L'idéal est que chacun trouve la place qui lui corresponde le mieux, où il est le plus productif. La tendance naturelle est de placer les personnes d'expérience, et donc d'un certain âge, à des postes qui requièrent une expertise confirmée. La même logique place les plus jeunes à des postes de simple exécution. Ces situations favorisent « l'entre soi » et accentuent le fossé entre les générations. Évitez dès lors de cantonner une seule classe d'âge à une activité et favorisez la collaboration entre personnes issues de générations différentes. C'est en effet le travail en commun qui va tisser les liens et atténuer la méfiance que génèrent les préjugés liés à l'âge.

Reconnaître et respecter l'autre

Aller vers l'autre est difficile lorsqu'on a le sentiment de ne pas être reconnu à sa juste valeur et de ne pas être respecté. La clé des rapports paisibles entre humains est la reconnaissance de l'individu en tant que tel et de ses compétences. Ainsi, les générations doivent être considérées pour ce qu'elles sont : avoir connu la guerre, par exemple, est un marqueur fort qui ne saurait être occulté. De même, les jeunes ne doivent pas se sentir coupables d'avoir évité les traumatismes d'un conflit sanglant. De plus, la reconnaissance et le respect au sein d'un groupe font partie des besoins fondamentaux selon le psychologue américain Abraham Maslow (1908-1970).

Pyramide de Maslow

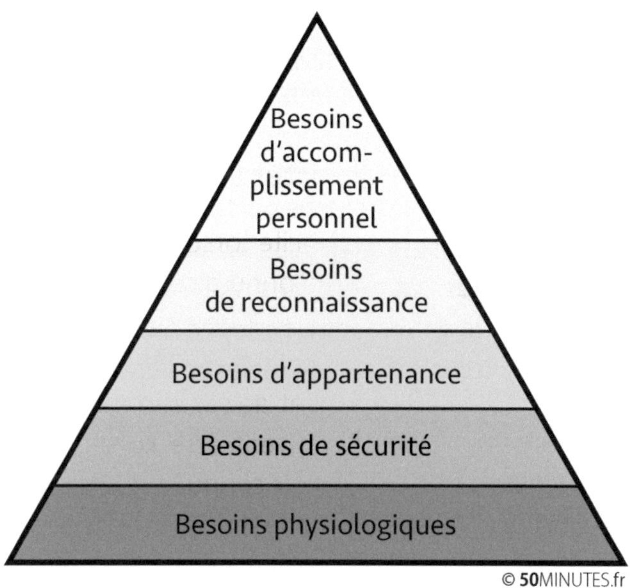

Ces besoins satisfaits sont source de motivation et d'épanouissement personnel. Les compétences de chacun, quels que soient son âge et sa fonction, doivent donc être publiquement reconnues. Il s'agit de définir clairement les différences et les limites du champ d'action de chacun et de les valoriser. Reconnaître et respecter les valeurs de l'autre améliore les relations professionnelles et motive les salariés.

Établir des codes de conduites consensuels

Il est impossible de ne pas échanger entre collègues. Par ailleurs, ne pas vouloir communiquer est souvent le plus clair des messages ! La communication non verbale est très puissante : les gestes, les regards et les attitudes sont souvent plus expressifs que les mots. Les malentendus entre les générations viennent parfois d'ailleurs d'une mauvaise communication ou interprétation.

Puisque les codes du « vivre ensemble » qui fluidifient les rapports sociaux ont été modifiés au fil des années, chaque génération perçoit les choses de façon sensiblement différente. Dans l'entreprise, il s'agit de faire preuve de politesse. Socle consensuel de comportements et de valeurs qui peut être rappelé par des mots simples, les codes relationnels de la politesse doivent rester à l'esprit de chacun, car ils favorisent le respect de l'autre et encouragent l'harmonie intergénérationnelle.

Souder l'équipe autour d'activités extérieures

Apprendre à se connaître fait partie des meilleurs moyens pour développer des affinités ou, du moins, entretenir des relations cordiales. Cela étant, il est parfois difficile de créer de vrais liens dans l'entreprise à cause du stress du travail, du manque de temps ou d'occasions de se parler. Que ce soit pour une rencontre sportive entre collègues ou juste un verre en afterwork, se rencontrer dans un contexte plus détendu apaise les relations et permet de nuancer l'image que l'on se fait de certains collaborateurs.

Participer au mythe de l'entreprise

Présenter l'entreprise, dans une brochure ou sur un site, accentue le besoin d'appartenance des employés. En effet, l'histoire de celle-ci est un mythe nécessaire à la cohésion. Elle invite le salarié à :

- s'intéresser aux origines de la société, à ses enseignements et à ses valeurs essentielles ;

- vivre dans un cadre de référence qui renforce l'identité culturelle de l'entreprise ;
- répondre à son besoin d'exemplarité.

Chacun doit prendre conscience qu'il apporte sa pierre à une œuvre collective. Cette sensation d'appartenance atténuera le fossé intergénérationnel et facilitera par la même occasion les rapports humains.

Accorder des gratifications intergénérationnelles

Dès lors que le besoin de reconnaissance touche toutes les générations, il faudra féliciter le plus souvent possible les salariés, de façon publique et transgénérationnelle. La mise en évidence d'une hiérarchie par compétence à l'opposé d'une hiérarchie basée sur l'âge renforce le sentiment de justice. En aucun cas les récompenses ne doivent encourager le présentéisme, et l'ancienneté être considérée comme un atout.

Organiser des formations croisées

Aucune entreprise dynamique ne peut se passer de formation pour ses employés. L'évolution technologique nous stupéfie par sa rapidité. S'adapter à un environnement changeant est indispensable.

La génération Y est beaucoup plus à l'aise que les autres dans le maniement des nouveaux outils numériques et, plus généralement, d'Internet. Des « fractures numériques » apparaissent entre générations. Et elles ne sont pas sans conséquence ! Pour les dépasser, il convient d'échanger les savoirs par des formations croisées, car les jeunes ont des connaissances à transmettre aux plus âgés et inversement. En effet, l'expérience de ces derniers n'est pas obsolète pour autant. Ils tiennent à communiquer leur savoir-faire ainsi que les us et coutumes de l'entreprise. L'important est de faire la liaison entre les savoirs fondamentaux de la firme et ceux de chaque génération. Grâce à l'entraide, chacun acquiert de nouvelles compétences et les relations s'en trouvent moins tendues.

CLIN D'ŒIL DE L'EMPLOYEUR

Organisez également des formations en management intergénérationnel pour vos

cadres, afin que ces derniers puissent gérer
au mieux les potentiels conflits.

Mettre en place un parrainage

Une bonne gestion des ressources humaines
favorise des rapports intergénérationnels
constructifs. L'accueil d'un nouveau collègue,
souvent jeune, dans un service est grandement
facilité si un salarié plus âgé est chargé de son
encadrement. En étant invité à prendre l'ap-
prenti sous son aile pendant un certain temps,
l'employé expérimenté créera naturellement des
liens. Par ailleurs, ce type de collaborations au
sein de l'entreprise se révèle immédiatement très
utile lors de périodes de doutes, de difficultés
éventuelles ou d'incidents de parcours.

Faire intervenir des médiateurs
intergénérationnels

Les conflits sont inévitables au sein d'un groupe.
Lorsque le patron tranche, il laisse les plaies ou-
vertes. Un médiateur, au contraire, ne décide rien
mais aidera les parties à trouver ensemble une
solution, de sorte qu'une collaboration future

est possible. Pour cela, il devra être sensibilisé à la problématique intergénérationnelle.

Énoncer la problématique intergénérationnelle en toute liberté

Pensez à aménager un espace où les avis peuvent être librement exprimés. Les questions intergénérationnelles y seraient exposées sans tabous en vue de dégager des réponses efficaces. Il est important de pouvoir évoquer ce problème au sein même de l'entreprise, cela permet de chercher une résolution plutôt que de le cacher. De plus, la liberté de parole est essentielle au bien-être du salarié.

POUR RÉSUMER

Appliquer un ou plusieurs des conseils énoncés ci-dessus permet d'améliorer votre climat de travail et de diminuer le fossé intergénérationnel. Le supprimer complètement est une utopie et serait contraire à l'intérêt général. Que chacun puisse rester sur son « quant-à-soi » est également un critère de bien-être. Ces conseils ne pourront pas tous être adaptés à chaque entreprise mais ses acteurs, de toutes les générations, y trouveront sans nul doute une inspiration pour évoluer vers des rapports plus paisibles.

TOP CONSEILS

- **Réunissez les générations autour d'un projet** : dès qu'un nouveau projet démarre, rassemblez les générations afin d'optimiser ses chances d'aboutir. Il s'agit d'éviter que le projet soit catalogué au rayon des vieux accessoires s'il est mené seulement par des anciens ou que ces derniers regardent avec scepticisme une idée lancée par des plus jeunes. Au cas où votre entreprise ne se prête pas à la création de produits innovants ou de méthodes à inventer, constituez une cellule de réflexion intergénérationnelle sur des sujets qui concernent l'avenir de l'entreprise.

- **Donnez à chacun un titre correspondant à une fonction** : tous les postes exercés au sein de l'entreprise doivent avoir un intitulé, ou un grade clair, et être compréhensibles et connus de tous. Il est parfois difficile ou fastidieux de distinguer toutes les fonctions. Efforcez-vous de clarifier ces points, car le besoin de reconnaissance éprouvé par chacun, pour autant qu'il soit satisfait, est à la base de toute harmonie dans un groupe.

- **Rappelez les règles comportementales au même titre que les règles de sécurité et d'hygiène :** comme nous l'indiquions ci-dessus, les comportements sont les premiers marqueurs du décalage qui existe entre les générations. Les attitudes incomprises peuvent être source de frustrations et de tensions. Évitez donc tout quiproquo.

- **Organisez des sorties ou des événements sportifs entre collègues** : même avec de petits moyens financiers, il est possible de créer une association ou une amicale au sein de l'entreprise. Composée d'hommes et de femmes de générations différentes, elle organisera peut-être des séances de sport collectif, des sorties de cinéma/documentaire ayant un rapport avec le produit phare de l'entreprise. Parallèlement, n'hésitez pas à organiser des afterwork où les salariés, plus détendus, se mélangeront plus facilement.

- **Assurez-vous que les salariés connaissent l'histoire de l'entreprise** : à défaut de brochure explicative, le site internet doit exposer de manière didactique l'historique de la société afin de renforcer le sentiment d'appartenance des salariés.

Clin d'œil à l'employeur

Faites appel à un vrai professionnel pour raconter le « roman » de l'entreprise ou initiez-vous à la pratique du storytelling.

- **Présentez de manière originale l'organigramme de l'entreprise, dans une optique intergénérationnelle** : au-delà des différences que nous avons évoquées, entre la génération Y et les précédentes, il est également des points communs qui peuvent s'articuler autour de valeurs partagées, comme le souci du travail bien fait, la bienveillance ou la sécurité. Si votre entreprise peut mettre en avant d'autres valeurs communes, elles doivent veiller à véhiculer une idée claire de l'organigramme dans un esprit intergénérationnel.

- **Favorisez le partage de compétences** : si la génération Y a bien des choses à apprendre à ses aînés, notamment en matière de TIC, l'inverse est également vrai. Ces échanges de savoirs, même s'ils n'ont pas de lien direct avec le travail, pourraient être bénéfiques en termes d'intégration.
- **Constituez des binômes** : puisque ce sont forcément les anciens qui se chargent de renseigner les nouveaux embauchés à leur arrivée, pourquoi ne pas profiter de ce premier contact pour constituer des binômes ? En outre, si des affinités se révèlent, ce type de collaborations pourrait bien aboutir sur un parrainage durable.
- **Désignez deux médiateurs, dont l'un de la génération Y** : la plupart des conflits trouvent leur origine dans un manque de communication et de reconnaissance. Plutôt que de vous résigner à entendre des critiques non constructives, désignez deux médiateurs

de générations distinctes pour résoudre les conflits avant qu'ils ne dégénèrent.

Clin d'œil à l'employé

Suggérez qu'un *workshop* sur la médiation (ou à la Communication NonViolente) soit intégré dans le programme des formations permanentes de l'entreprise.

Résumez l'évolution de la problématique inter-générationnelle dans le bilan social annuel : le bilan social étant obligatoire, profitez-en pour analyser en profondeur l'état des lieux de la situation sociale des employés de l'entreprise. Les chercheurs d'emploi de la génération Y ne manqueront d'ailleurs pas de consulter le bilan de l'entreprise où ils espèrent être embauchés. Mener une politique intergénérationnelle active peut se révéler excellent pour l'image de votre entreprise. Encore faut-il le faire savoir !

FAQ

QUELLES SONT LES CARACTÉRISTIQUES DE LA GÉNÉRATION Y ?

La génération Y regroupe des individus d'origine sociale et culturelle différente. Cependant, on peut dégager quelques caractéristiques communes telles que :

- une familiarité aux nouvelles technologies de l'information et de la communication (utilisation quotidienne d'Internet et des réseaux sociaux par exemple) ;
- une remise en cause de l'autorité ;
- une impatience due à la culture du « zapping » ;
- une curiosité et une volonté d'innover ;
- d'autres centres d'intérêt que le travail (loisirs, famille) ;
- etc.

QUE FAIRE DANS L'IMMÉDIAT POUR AMÉLIORER LES RELATIONS INTER-GÉNÉRATIONNELLES DANS MON ENTREPRISE ?

Suivez ces quelques conseils :

- prenez conscience de l'étendue du problème ;
- multipliez les collaborations intergénération-nelles dans chaque service ;
- organisez des événements afin de favoriser les rencontres entre générations en dehors du bureau ;
- regroupez les générations autour de projets communs, pour dégager des solutions efficaces.

COMMENT RÉAGIR SI UN CONFLIT INTERGÉNÉRATIONNEL ÉCLATE EN PLEIN MILIEU D'UNE RÉUNION ?

Tout d'abord, ne le traitez pas comme tel, mais prenez pleinement conscience des disparités qui opposent ces générations. Désignez ensuite deux médiateurs, tous les deux issus d'une génération différente, pour tenter de résoudre le conflit.

FAUT-IL GÉRER LES GÉNÉRATIONS DE MANIÈRE DIFFÉRENCIÉE ?

Surtout pas, cela augmenterait l'incompréhension et la méfiance, en plus de créer des sentiments d'injustice. Chacun doit être traité de la même façon.

EST-CE QU'UNE ENTREPRISE SE TRANSFORME AU CONTACT DE LA GÉNÉRATION Y ?

Restons réalistes, les dynamiques d'entreprise ont changé parce que l'environnement psychosocial a évolué. La génération Y n'est qu'un élément notable de cette évolution, et le monde professionnel s'adapte au fil de l'évolution des générations et de leurs comportements. Les personnes issues de cette génération apportent à rapport nouveau aux TIC et à la hiérarchie.

À VOUS DE JOUER !

EXERCICE 1 – COMPRENDRE LA SITUATION

Ce petit questionnaire vous aidera à mieux analyser la situation actuelle de votre entreprise en matière de relations intergénérationnelles. En comprenant les tenants et aboutissants, vous trouverez plus facilement des pistes d'amélioration pertinentes.

Dans votre entreprise	Oui	Non
Plusieurs générations se côtoient ?		
Des conflits interviennent entre générations uniquement ?		
Les génerations sont réparties dans différents secteurs ?		
Vous pouvez parler librement des différences générationnelles ?		
Les générations communiquent en dehors du travail (pause-café, le midi, etc.) ?		
Des événements ont déjà été organisés en dehors du bureau pour tous les salariés ?		
La diversité générationnelle est mise en avant ?		
Les générations peuvent échanger leurs savoirs et leurs compétences ?		
Chacun est respecté et reconnu pour ce qu'il est et pour ce qu'il fait ?		

EXERCICE 2 – FACE AU CONFLIT

Répondez aux questions suivantes :

- Avez-vous déjà été confronté à un conflit inter-générationnel au travail ?
- Si oui, comment avez-vous réagi ?
- Quelles ont été les solutions trouvées et adoptées ?
- Pensez-vous que ce conflit aurait pu être résolu d'une autre façon ? Si oui, de quelle manière ?

Votre avis nous intéresse !
Laissez un commentaire sur le site de votre
librairie en ligne et partagez vos coups de cœur sur
les réseaux sociaux !

POUR ALLER PLUS LOIN

SOURCES BIBLIOGRAPHIQUES

- FERRY (Luc), « Jeremy Rifkin, un gourou chez les Bisounours », in *le Figaro*, 2015, consulté le 6 août 2015.

- http://www.lefigaro.fr/vox/econo-mie/2015/07/08/31007-20150708ARTFIG00206-jeremy-rifkin-un-gourou-chez-les-bisounours.php

- MORLEY (Chantal), BIA FIGUEIREDO (Marie), BAUDOIN (Emmanuel) et HRASCINEC SALIERNO (Aline), *La génération Y dans l'entreprise. Mythes et réalités*, Paris, Pearson, 2012.

- OLLIVIER (David), « Finalités et enjeux du management intergénérationnel », in *Le Journal du net*, 2014, consulté le 6 août 2015.
http://www.journaldunet.com/management/expert/59544/finalites-et-enjeux-du-manage-ment-intergenerationnel.shtml

- POUGET (Julien), *Intégrer et manager la génération Y*, Paris, Vuibert, 2013.

SOURCES COMPLÉMENTAIRES

- CARADEC (Vincent), « Jeunes » et « vieux ». *Les relations intergénérationnelles en question*, Lille, L'Harmattan, 2008.

- DESPLATS (Marie) et PINAUD (Florence), *Manager la génération Y*, Paris, Dunod, 2015.

L'éditeur veille à la fiabilité des informations publiées, lesquelles ne pourraient toutefois engager sa responsabilité.

© 50MINUTES, 2015. Tous droits réservés.
Pas de reproduction sans autorisation préalable.
50MINUTES est une marque déposée.

www.50minutes.fr

ISBN ebook : 978-2-8062-6474-9
ISBN papier : 978-2-8062-6484-8
Dépôt legal : D/2015/12603/225
Photo de couverture :
© blende11.photo – Fotolia.com

Conception numérique : Primento,
le partenaire numérique des éditeurs